„KENNST DU DAS GEFÜHL, IRGENDWO ZU BESUCH ZU SEIN UND NACH HAUSE ZU WOLLEN? DIESES GEFÜHL IMMER, DEN GANZEN TAG, UNUNTER- BROCHEN. UND DAS ZU DEINEM EIGENEN KÖRPER."

-DANIËLLE WAGEMAKERS - FADING GENDER

JORIS BAS BACKER

KÜSSE FÜR JET

VERLAG

1994

"HIER IST MTV NEWS, ES IST DER 8. APRIL, MEIN NAME IST KEITH LOUDER UND WIR HABEN EINE EILMELDUNG."

"DER SÄNGER KURT COBAIN VON DER BAND NIRVANA WURDE HEUTE MORGEN TOT IN SEINEM HAUS AUF-GEFUNDEN."

JET?

JET!
ICH MEINE
ES ERNST!

GRUNGE
ROCK
STAR!!

SO WAS, ODER? UNSER LETZTE ABEND, ZU DRITT, MORGEN BIST DU SCHON IM INTERNAT UND WIR IN BRÜSSEL.

JA, IST DOCH SPANNEND.

♪!

♪!

HAHAAA ES SIEHT AUS, ALS OB ER UNS ZUWINKT...

...ODER SICH VERAB-SCHIEDET!!

SASHA, ICH BIN'S

HEY JET!

NA, WAS IST LOS? WAS WOLLTE DEIN VATER?

NAJA ES WAR UNSER LETZTER GEMEINSAMER ABEND UND IRGENDWIE HABE ICH WIEDER ALLES FALSCH GEMACHT!

ICH WAR MIT MEINEN ELTERN AUF DIESER STUDIUMSMESSE.

JA, ES IST MÖGLICH GESCHICHTE UND KRIMINOLOGIE ZU STUDIEREN,

GLEICHZEITIG!

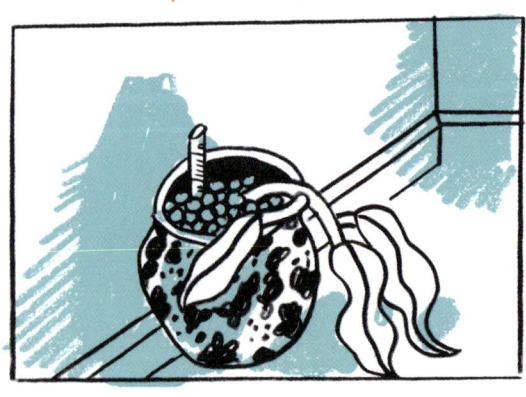

COOLE MASKEN!!

HA HA HA

ICH FINDS DÄMLICH ...

TU NICHT SO !!!!

DIE KÖNNEN SICH ECHT ERSCHRECKEN!

MACHT NICHT ZU LANG...

RRAAAA!

HEY DU NEUE, UNTEN TREFFEN IN 5 MINUTEN! LOS! LOS!

WAS IST DAS FÜR EIN SPIELZEUG?

DAS SIND ERSTKLASSIGE 1950ER KÖNIGLICHE MARINE FERNGLÄSER!

FALLEN LASS

BUMS!

UUPS

KLAPPER

KLAPPER

KLAPPER

ICH FINDE, IHR GEHT ECHT ZU WEIT.

KEINE AHNUNG, WAS DU MEINST.

DIE FINDEN DAS TOLL!!!

UND REKTORIN RORY KRIEGT DAS SCHON NICHT MIT.

NICKY SCHAU

ES IST DAS NEUE MÄDCHEN AUS UNSEREM ETAGE.

HA HA HA MASJA, SIE-

HAUT VOLL AB!

28

30

36

37

WAS IST MIT DEINER BRILLE PASSIERT?

KONTAKTLINSEN.

"KNIFF"

DAS WIRD PERFEKT.

VON DEM HAB ICH DIE KETTE.

WOW.

BLÖDSINN MANN. DIE HAB ICH GEFUNDEN...

OH

ALS ICH EINGEBROCHEN BIN,

IN DAS HAUS VON MEINEM OPA!! HA HA HA ...

EH

DAS WAR DAS ERSTE MAL, DASS ICH JEMANDEN GEKÜSST HABE.

DU ERZÄHLST BULLSHIT.

OK

ICH ERZÄHL DIR MAL WAS, WAS ICH NOCH KEINEM ERZÄHLT HAB.

ICH STEH VOLL AUF MASJA. SO RICHTIG, ICH BIN ECHT VERLIEBT IN DIE.

42

DA IST SAEED, DEN SCHNAPPEN WIR UNS.

46

KNICK!

HEY SAEED, WEG MIT DEM SCHEISS FUNKGERÄT.

EINFACH NICHT DIE CLASSICS KAUFEN, OKAY.

BUM!

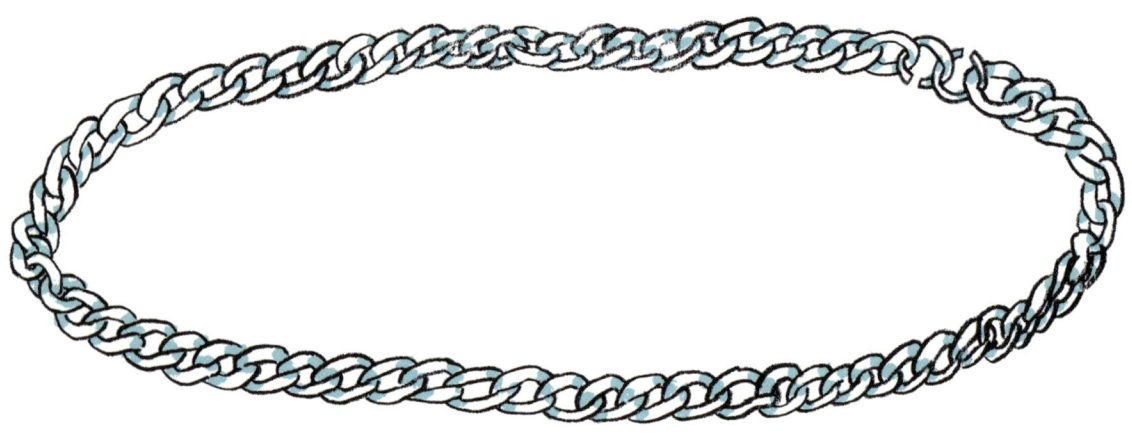

57

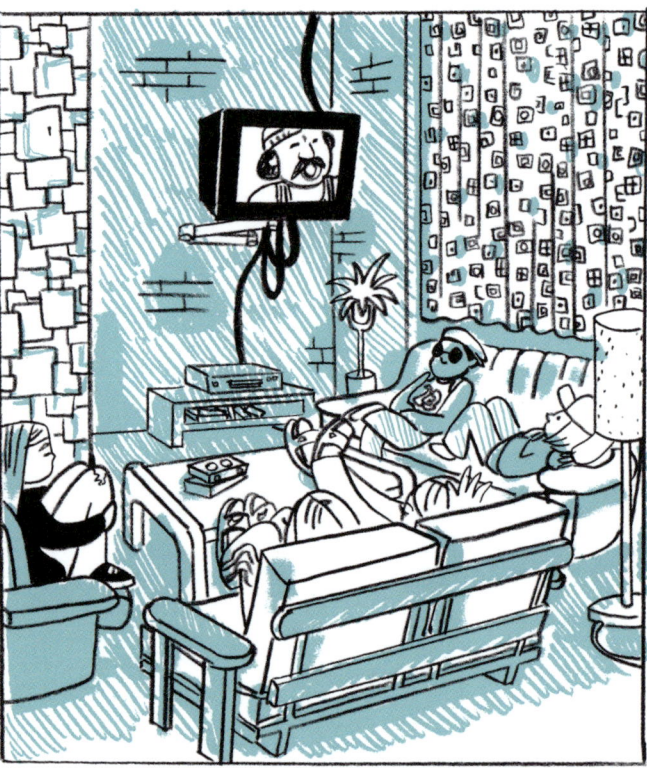

WAS GLOTZT DU SO?

BOO!!

WIR WISSEN ALLE ÜBER DAS FERNGLAS BESCHEID,

MIT DEM DU *VÖGEL* BEOBACHTEST!

HEEEY JET, ALLES IN ORDNUNG?

JA !!

ICH MEINE, JA.

FEIN, DANN KOMM REIN UND NIMM DIR EINEN KAFFEE!

WENN PLÖTZLICH ALLES
AUF DICH ZUKOMMT...

...FÄHRST DU AUF DER
FALSCHEN STRASSENSEITE!

ICH WEISS NICHT...
...MANCHMAL-

RENÉ?

KÖNNEN WIR IM BÜRO RAUCHEN? SEITDEM STEF DAS FENSTER IM RAUCHER-ZIMMER KAPUTT-GEMACHT HAT...

WIE KOMMT ES, DASS ALLE DEINE KLAMOTTEN SCHWARZ SIND?

SCHEISSE, ROCKSTARS SIND FREAKS.

BIST DU IN EINER BAND ODER SO?

JANIS JOPLIN WAR ALS TEENAGER VOLL VER-PICKELT UND VOLL HÄSSLICH...

FUUUUUU-UUUUUCK MANN.

JAAAAA FUCK.

JET
WARTE!

SPANNEND
ODER?

WIR HABEN
BEIDE
UNSEREN
ERSTEN KUSS
HINTER UNS.

WIR BEIDE SPIELEN
JETZT IN EINER
ANDEREN LIGA.

GEHT ES MIT *STEF*
NOCH WEITER?

NICHT WIRKLICH.

NAJA... *MEINER*
WAR AUCH EHER EIN
BISSCHEN DOOF.

67

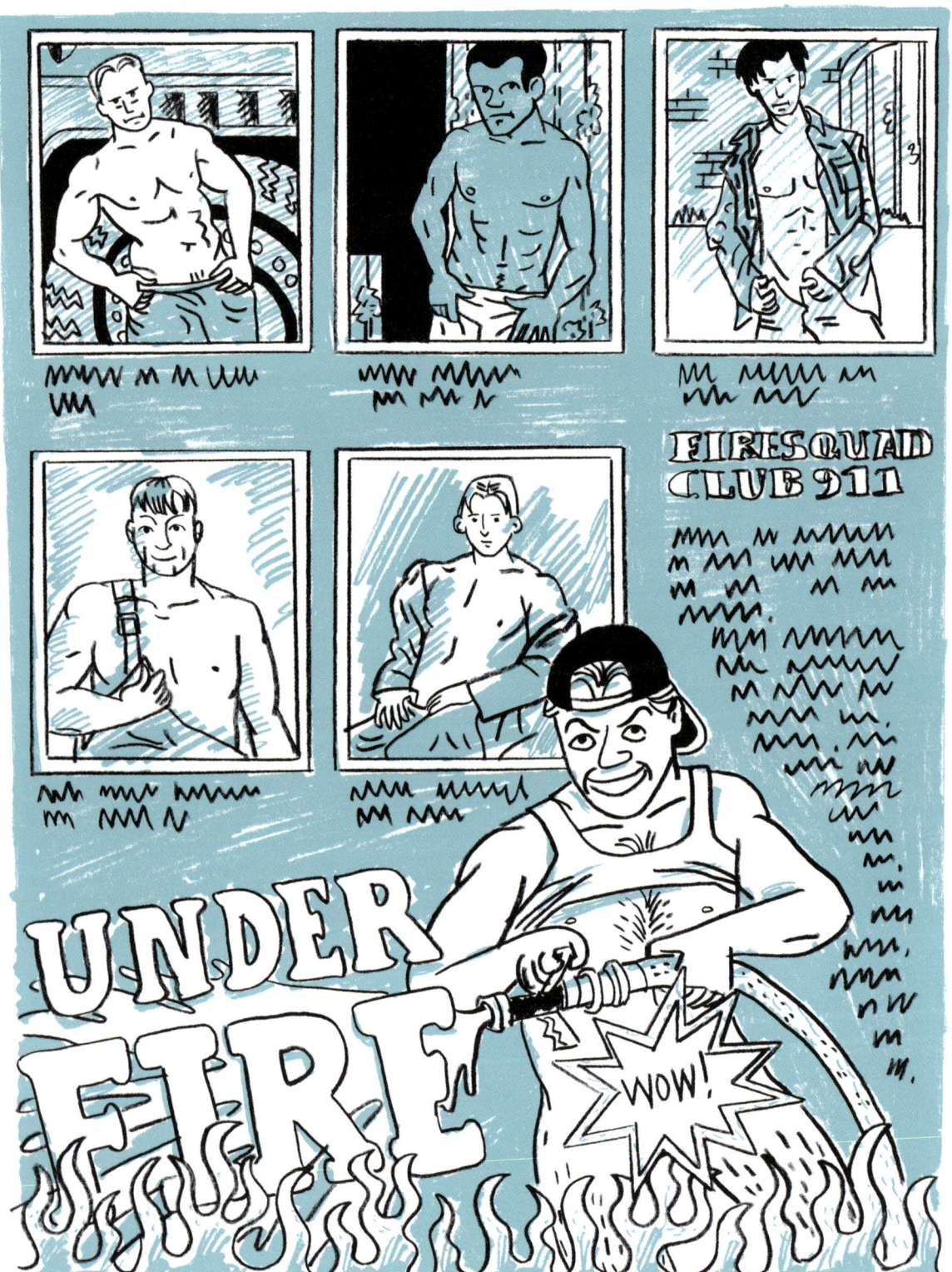

KLOPF
KLOPF

STEF WILL MICH UMBRINGEN MIT SEINEM FAHRRADSCHLOSS!!

SETZT EUCH, SETZT EUCH,

FLIP
FLOP
FLIP

ICH HABE NACHGESEHEN, ABER STEF IST WEG. MORGEN REDE ICH MIT IHM.

IHR MÄDCHEN SOLLTET WIEDER INS BETT GEHEN.

77

ICH HOFFE, DIR IST KLAR, WAS DU RENÉ DA VORWIRFST?

ICH SCHWÖRE AUF DAS LEBEN MEINER MUTTER.

HOL JET, WENN SIE AUCH DABEI WAR.

ICH HABE ERZÄHLT, WIE RENÉ IMMER SEHR, SEHR NETT ZU DIR IST.

ICH MUSS DIR EIN PAAR FRAGEN STELLEN, ES GEHT UM RENÉ.

WAS BEDEUTET DASS, RENÉ IST NETT ZU DIR GEWESEN?

ÄH, ER HAT MICH MAL GEFRAGT, OB ES MIR GUT GEHT.

MMMHM

scribble scribble "PPPP"

NICKY, RENÉ WIRD GEFEUERT.

NA UND.

ICH WEISS NICHT.

IST DAS NICHT EIN BISSCHEN KRASS?

OH MEIN GOTT, DUDE, IST DAS DEIN ERNST?

ER WAR VOLL SELTSAM, MANN.

85

89

90

ICH MEINE, WARUM ARBEITET SIE ÜBERHAUPT HIER?

WENN SIE IHREN JOB SO HASST UND AUCH NOCH KLAUT.

ICH HABE NACHGEDACHT, ES MUSS BETRUG SEIN.

ÜBERLEG MAL: DAS KOSTET EIN VERMÖGEN HIER.

?

ECHT?

DU WEISST DOCH BESTIMMT AUCH, WAS DEINE ELTERN BEZAHLEN, STIMMTS?

EH...

VIELLEICHT.

WOHIN GEHT DAS GELD, WAS KOSTET DENN SO VIEL?

UND DAS ESSEN IST EKELHAFT!

ICH WEISS. DAS IST VERRÜCKT!

ICH HABE PEANUT BUTTER CUPS IN MEINEM ZIMMER, WILLST DU WELCHE?

?

OKAY, LASS MICH DAS ERST IN MEIN ZIMMER BRINGEN.

95

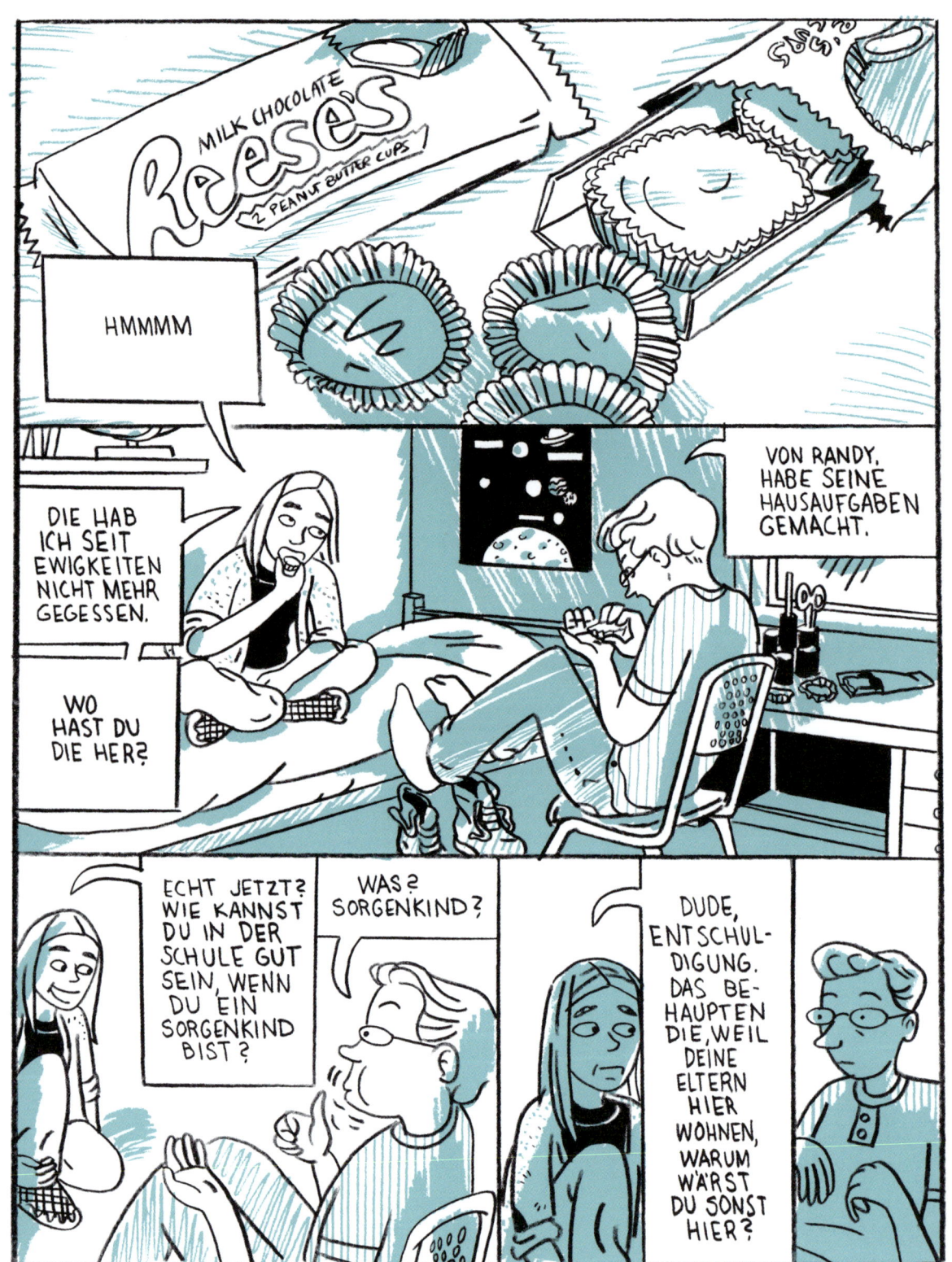

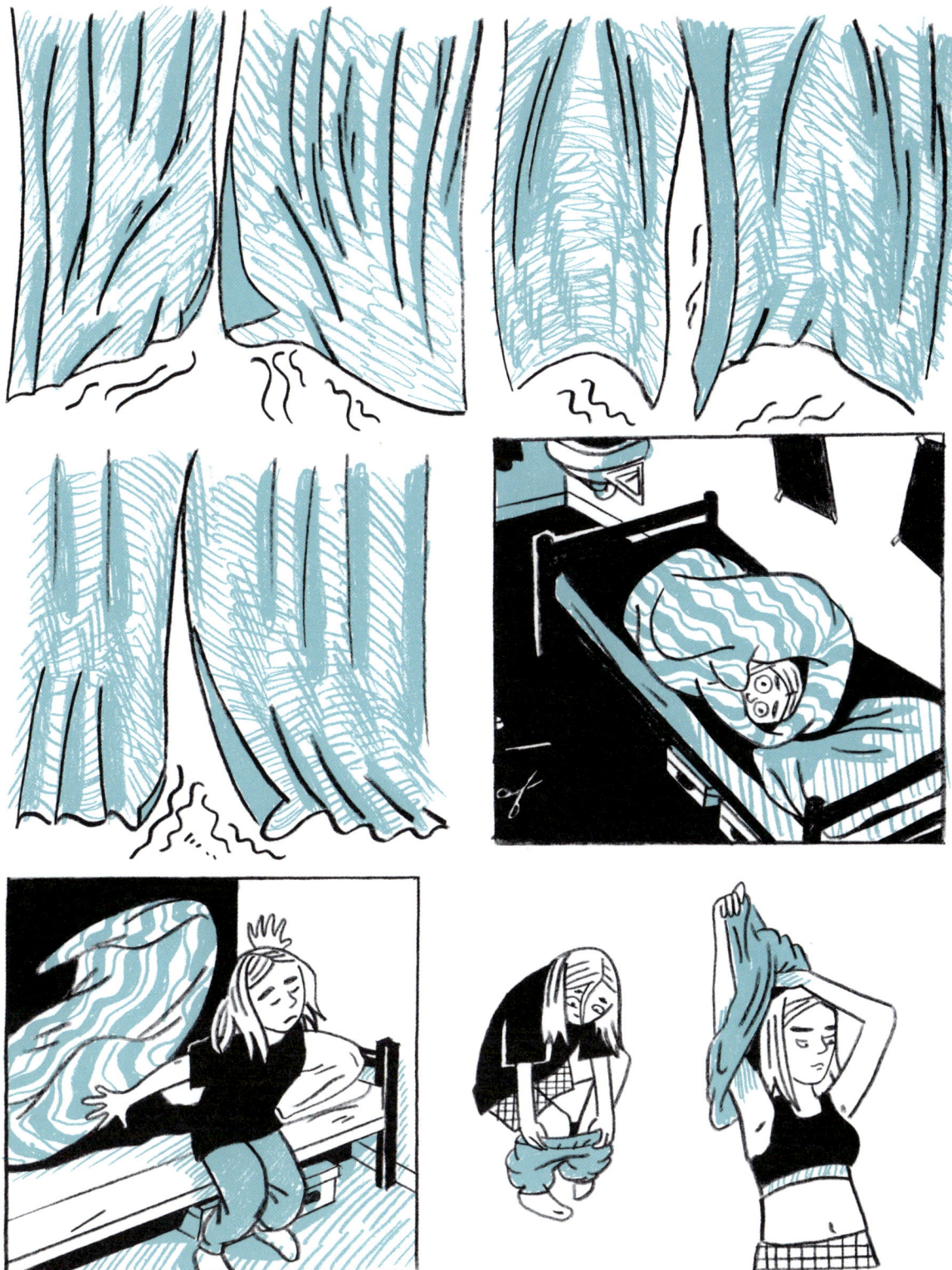

HIER, FALLS DU DIE 'BRAUCHST.

FALLS DIR DOCH WAS WEH TUT, ICH NEHM DIE AUCH.

WENN ICH ZU GROSSE KOPF-SCHMERZEN HABE. DESWEGEN KANN ICH NICHT ZUR REGULÄREN SCHULE GEHEN WIE DIE ANDEREN.

FAST JEDEN MORGEN WACHE ICH MIT EINER MIGRÄNE AUF, DIE BIS MITTAG DAUERT.

GUTE NACHT.

MEINE MUTTER DENKT, DASS ICH DENKE, DASS ICH DICK BIN.

DAS MINDESTE, WAS SIE TUN KÖNNTE, WÄRE, MIR EINE EIGENE FORM DER SELBSTABWERTUNG EINFALLEN ZU LASSEN.

ICH BIN KEIN KIND MEHR!!

AAAAAAH! BIN ICH DICK? ICH WEISS ES NICHT! JETZT MUSS ICH DARÜBER NACHDENKEN!

MEINE MUTTER HAT MIR ERZÄHLT, DASS DER ARZT, ALS ICH GEBOREN WURDE, ZUERST DACHTE, ICH SEI EIN JUNGE. UND ER SAGTE: ES IST EIN JUNGE!

SIEHST DU!

WARUM SOLLTE SIE DIR SO ETWAS SAGEN??

ICH MEINE ...

"...MÜTTER BESCHWEREN SICH, DASS WIR NIE ZUHÖREN, ABER ES STIMMT NICHT. SIE GEHEN REIN IN UNSERE KÖPFE-

-MIT SACHEN UND DANN KÖNNEN WIR DIE NICHT MEHR AUFHÖREN ZU DENKEN.

STATTDESSEN DENKEN WIR STÄNDIG AN SIE.

HAST DU SIE GEFRAGT, WARUM DER ARZT DAS GESAGT HAT...?

ES WAR NUR EIN FEHLER...

JA, ABER EIN KOMISCHER. SOGAR ICH KANN SEHEN OB-

STIMMT...

...ICH HABE MICH GEFRAGT, OB ES ETWAS BEDEUTET.

ABER WAS BEDEUTET ES?

DAVID ATTENBOROUGH HIER WIRD UNS-

ES IST EINE NEUE ART FETTARMER SOSSE.

WUSSTEST IHR, DASS JET EIGENTLICH EIN JUNGE IST?

JAPS!

SASHA!

...ICH... GLAUBE NICHT, DASS ICH DAS GESAGT–

SASHA!

SASHA

DAS IST DOCH, WAS DU DIR WÜNSCHT, DASS DU GESAGT HÄTTEST!

WA-A-AS?

DU SOLLTEST MIR DANKEN.

120

SNIF

JET!

HEY

WARTE KURZ—

HEY ICH DENKE, ICH WEISS WAS PASSIERT IST.

WENN DU NICHT WILLST...

...DU WEISST SCHON...

...DAS IST FÜR MICH OKAY...

HÖR MAL ZU. ICH GLAUBE NICHT, DASS ICH JEMALS LUST 'HABEN WERDE.

ICH- ICH BIN NICHT DEIN TYP? ICH HABE EINIGE LEUTE SAGEN HÖREN...

NEIN. DU BIST EIN SEHR NETTER...

...TYP.

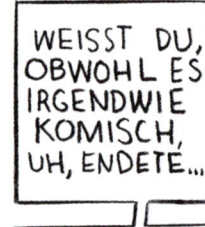

WEISST DU, OBWOHL ES IRGENDWIE KOMISCH, UH, ENDETE...

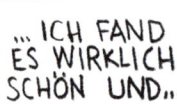

...ICH FAND ES WIRKLICH SCHÖN UND...

ICH DENKE, DASS ES MEINEN KOPF-SCHMERZEN <u>HELFEN</u> KÖNNTE, WENN WIR WIEDER ABHÄNGEN WÜRDEN.

?

NICHT BÖSE AUF MICH SEIN! ES IST DIE SCHULD VON MEINER MUTTER!

AUSSERDEM SAGT MEINE MUTTER, ICH SOLLTE MICH ENTSCHULDIGEN.

ABER, ICH GLAUBE IMMER NOCH, DASS ICH RECHT HABE.

HÖR AUF ZU SCHREIBEN. DER LEHRER KUCKT.

ICH HABE ES SELBST GEMACHT.

ACH, ALSO ABSICHTLICH.

OK, ES WAR NICHT GANZ MEINE IDEE. ICH HABE ÜBER RITZEN GELESEN.

OH.

WUSSTEST DU, DASS SCHMERZEN ENDORPHIN IM GEHIRN FREISETZT?

NEIN, WAS MACHT DAS?

ES MACHT DICH GLÜCKLICH.

MIT RITZEN BEFREIEN SICH TEENAGER MÄDCHEN VON IHREN SCHLECHTEN GEFÜHLEN. ES GAB EINEN ARTIKEL IN *TEEN*. NICHT DASS ICH DAS GELESEN HATTE... NUR SCHNELL GESEHEN, WEISST DU?

KLAR, DU FÜHLST DICH SCHLECHT?

NEIN, ABER ES IST FASZINIEREND. ALS DIE MUTTER VON EINEM MÄDCHEN ES HERAUSFAND, SAGTE SIE, SIE SEI DIE TREPPE HINUNTERGEFALLEN.

ABER ES SIND LAUTER GERADE LINIEN.

ICH WEISS. ES IST IRGENDWIE LUSTIG.

WAS WÄRE, WENN ES EINE FORM WÄRE?

EINE FORM? WARUM?

WEISS ICH NICHT, ABER STELL DIR VOR.

DAS MÄDCHEN SAGT ZU IHRER MUTTER, DASS SIE VOM FAHRRAD GEFALLEN IST...

...UND DIREKT AUF EINE AUSSTECHFORM! HA HA!!

HAHA!

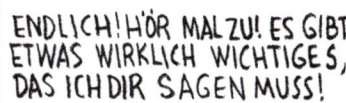

ENDLICH! HÖR MAL ZU! ES GIBT ETWAS WIRKLICH WICHTIGES, DAS ICH DIR SAGEN MUSS!

GESTERN ABEND WAR IM FERNSEHEN EINE DOKU-

ES TUT MIR WIRKLICH LEID, SASHA, ABER JETZT IST ES SCHLECHT. ICH KOMME SPÄTER BEI DIR VORBEI, OK?

WAS IST DAS FÜR EIN GERÄUSCH?

WEN HAST DU ANGERUFEN?

ACH, MEINE ELTERN, DIE KÖNNEN SO NERVEN.

ELTERN SIND VOLL SCHEISSE! DU SIEHST MEGA ANGEPISST AUS. SO SCHLIMM?

EH...

JA TOTAL!! VOLL SCHLIMM!

BWAH! ICH HASSE ELTERN!

LASS UNS TATTOOS MACHEN LASSEN. DAS MACHE ICH IMMER, WENNS MIR SCHEISSE GEHT.

JA, OKAY.

IHR MÄDCHEN WOLLT ALSO TATTOOS.

DAFÜR WERDET IHR EINEN TERMIN MACHEN MÜSSEN.

VOR NÄCHSTER WOCHE GEHT NICHTS. AM ZWANGIGSTEN IST WAS FREI.

WIR MÜSSEN WARTEN?!

TJA, SO IST DAS EBEN.

GEHT NICHT ANDERS.

TATTOO

ACH SCHEISS DRAUF, ICH FREUE MICH!

ICH AUCH.

ZIGARETTE?

'ÄH SICHER, DANKE.

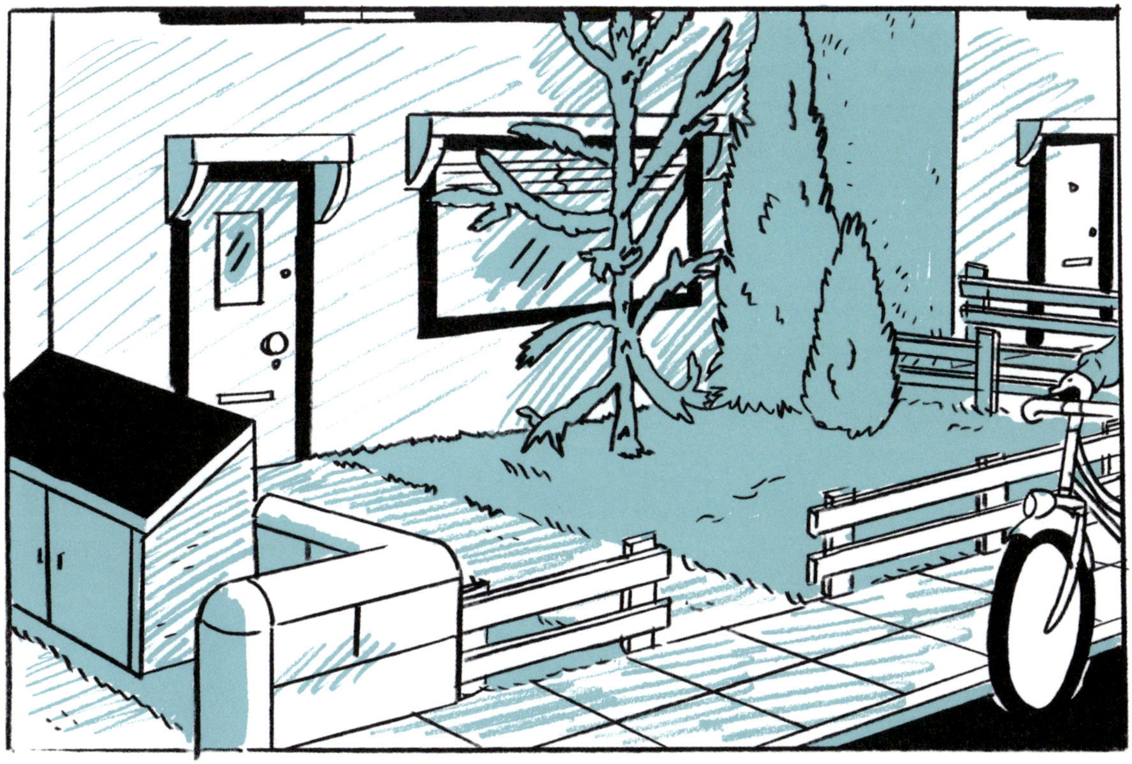

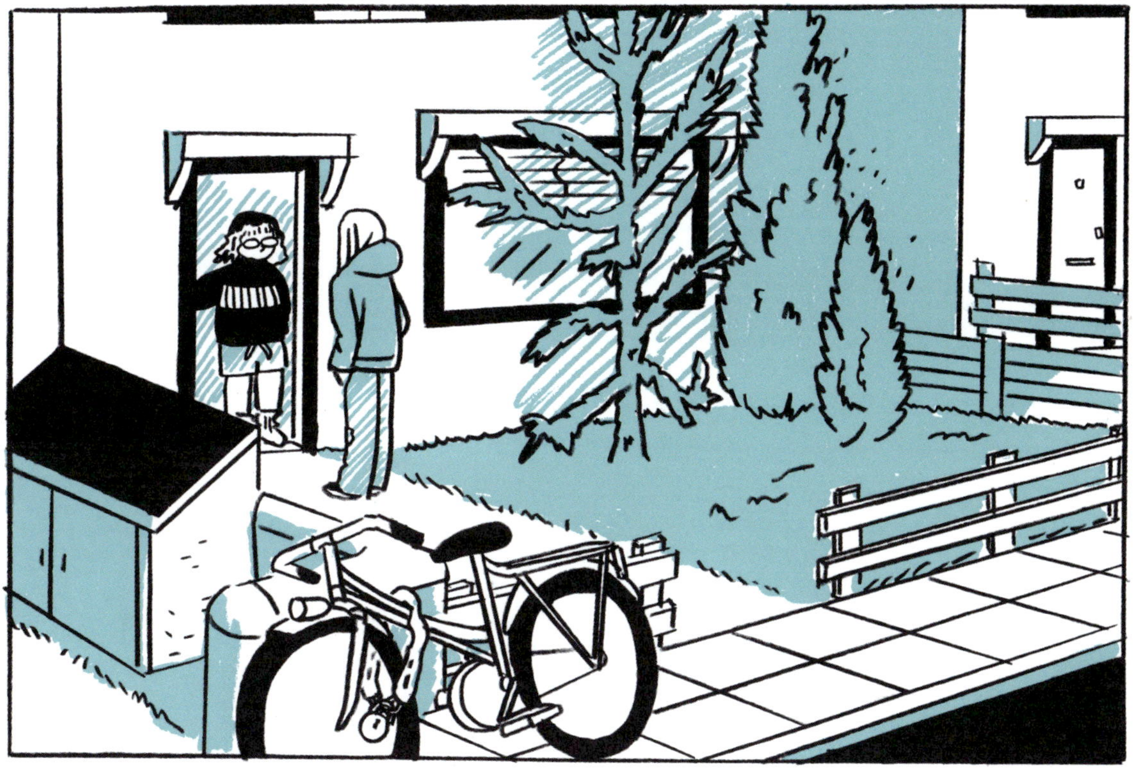

MARK
(33)

ALSO DU HATTEST DEN GEDANKEN, EIGENT-
LICH FÜHLE ICH MICH WIE EIN MANN...?

JA.

ABER WAS DICH AUFGEHALTEN HAT, WAR
DAS, DASS DU DICH NICHT GETRAUT HAST?

N. VERHOOR
PSYCHOLOGE

ICH HABE MICH NICHT GETRAUT, ICH
SELBST ZU SEIN. -ALSO VERSUCHTE...

...ICH IMMER AUF EINE UNGESCHICKTE
ART UND WEISE EINE FRAU ZU SEIN...

WORAN ICH ABER DANN SCHEITERTE, WAS
MICH WIEDERUM UNGLÜCKLICH MACHTE...

JA WIRKLICH? AHA, INTERESSANT.

145

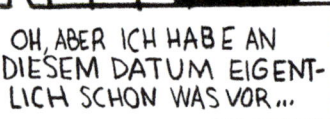

154

155

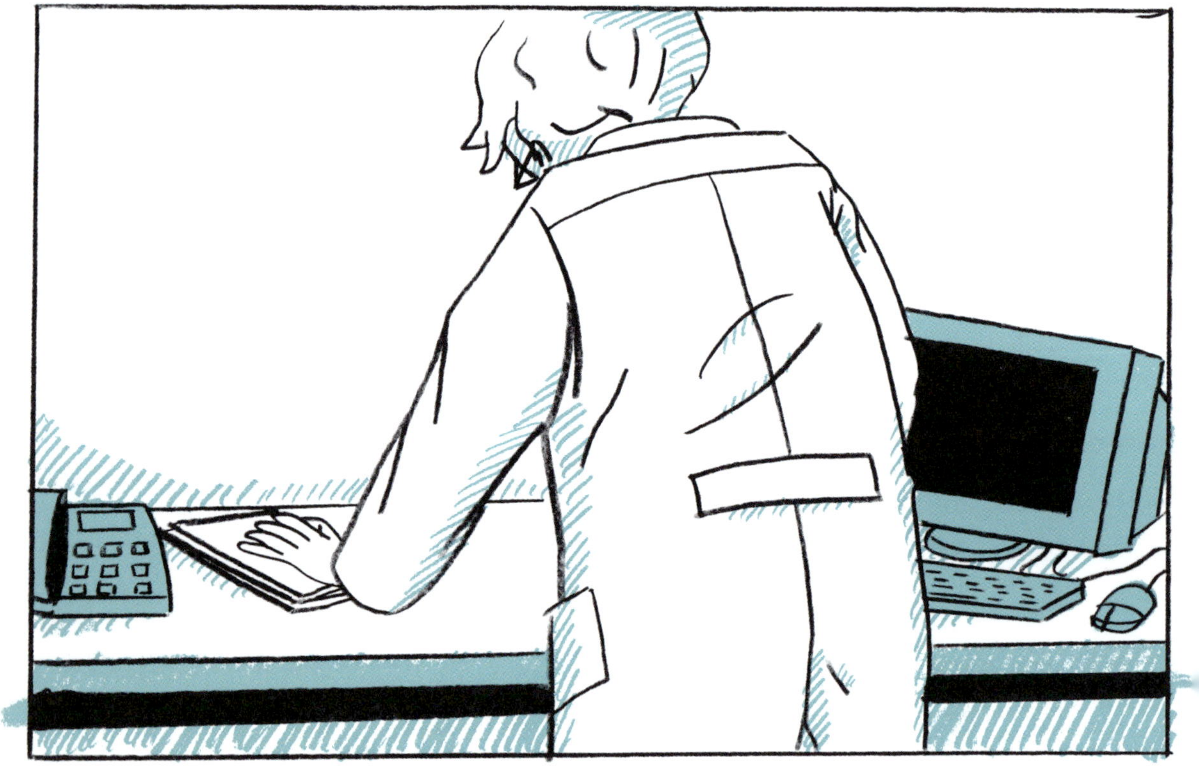

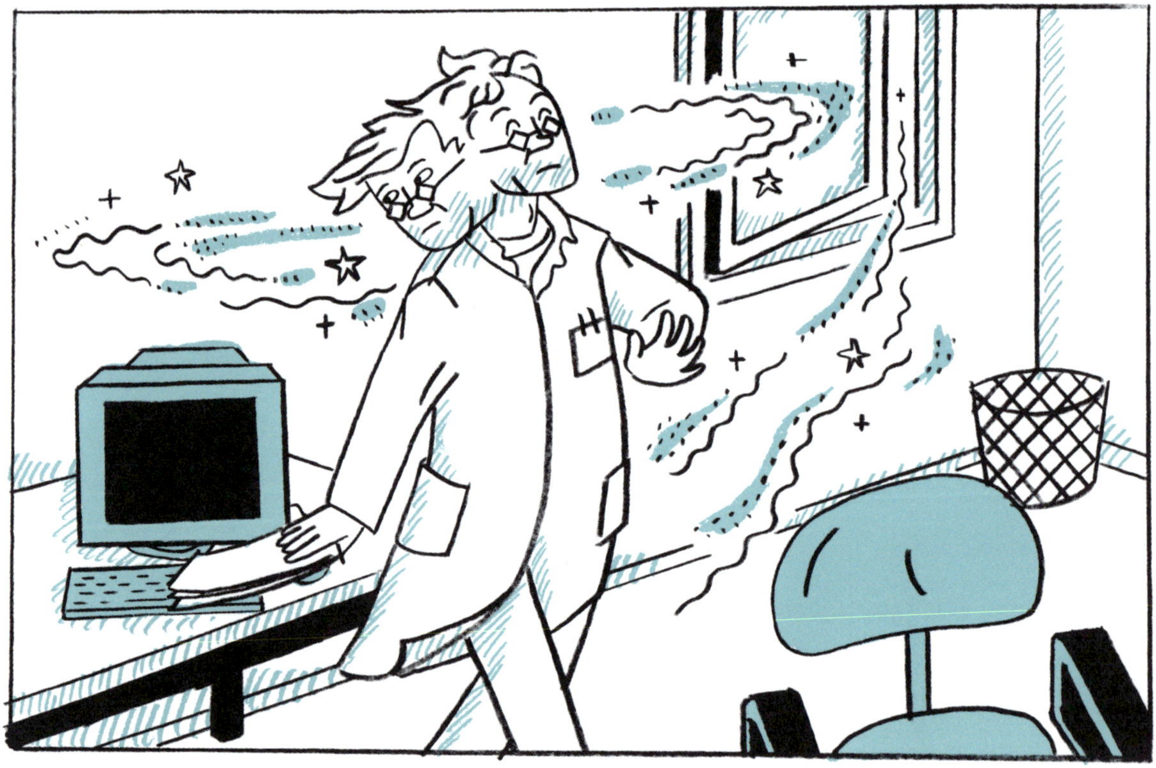

158

159

161

162

ICH BIN
ECHT MÜDE.

LASS UNS SPÄTER
DRÜBER REDEN.

TSCHÜSS.

TSCHÜSS.

RUF
MICH AN.

DER
SOMMER
IST
JETZT
WIRKLICH
VORBEI.

SCHÖNEN ABEND NOCH, JUNGER MANN.

2000 KLINGT ECHT IRRE! HEUTE NACHT VERSCHWINDEN WIR ALLEN VOM ERDBODEN...

FINDEST DU ES SCHADE, JET, DASS DU NUR EINEN TAG ALS TYP LEBEN WIRST?

DAS IST BLOSS ANGSTMACHEREI...

NICHT GANZ, DA IST SCHON WAS DRAN.

JA ICH WEISS, ABER MEINE MUTTER SAGT,

...BIS DAS NEUE JAHR ANFÄNGT, WERDEN SIE ALLES GELÖST HABEN.

NAJA, WENN DIE ES NICHT IM GRIFF HÄTTEN, WÜRDEN SIE ES JA AUCH NICHT ZUGEBEN, ODER?

ABER IST MIR AUCH EGAL. WENN DIE WELT UNTERGEHT, WILL ICH EH NICHT MEHR LEBEN, DAS MACHT KEINEN SINN,

DAS GEHT MANCHEN LEUTEN ANDERS, DIE SIND JETZT SCHON ALLE IN IHREN BUNKERN,

DAS GLAUBE ICH NICHT!

WER MACHT DENN SO WAS VERRÜCKTES!

MUSS NOCH JEMAND AUFS KLO?

JET, DU BIST DER EINZIGE IN DIESEM AUTO OHNE BRILLE.

HAT DEINE MUTTER EINE BRILLE?

DIE HÄLFTE ALLER MENSCHEN TRÄGT EINE BRILLE.

IRGENDWIE COOL, WIE NASE UND OHREN EINE BRILLE HOCHHALTEN KÖNNEN.

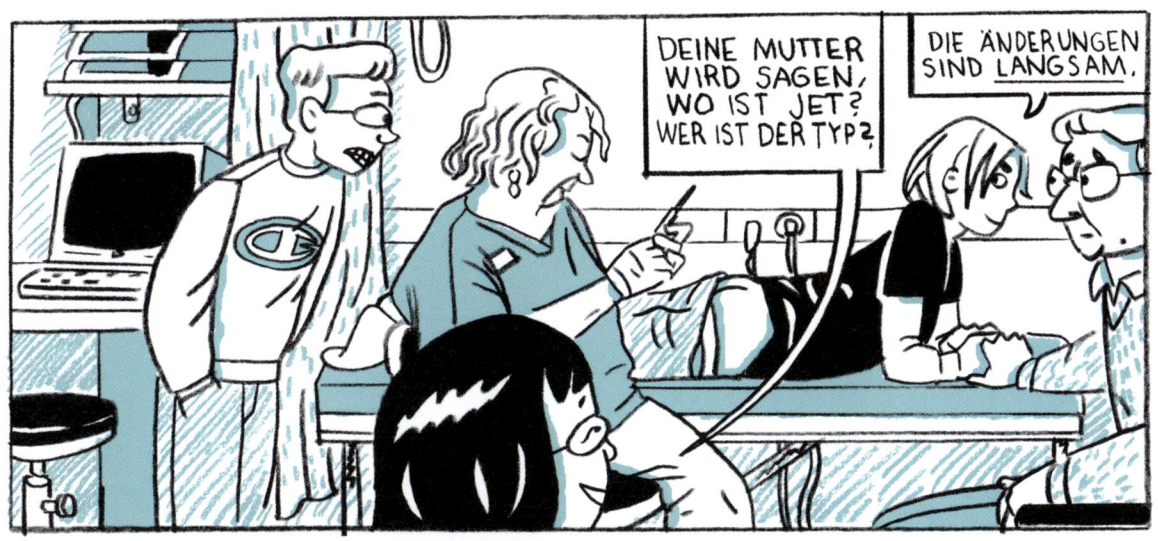

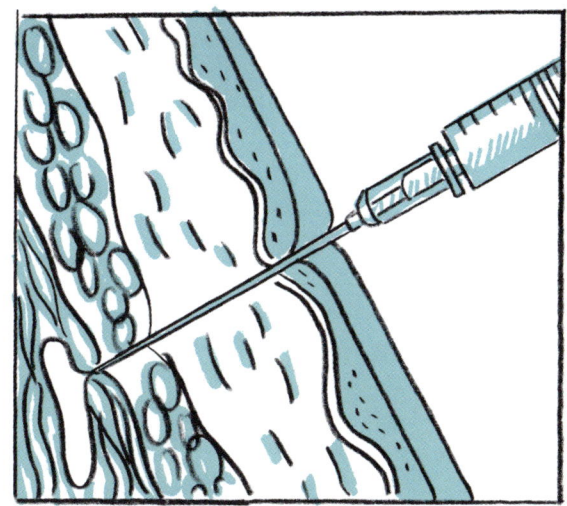

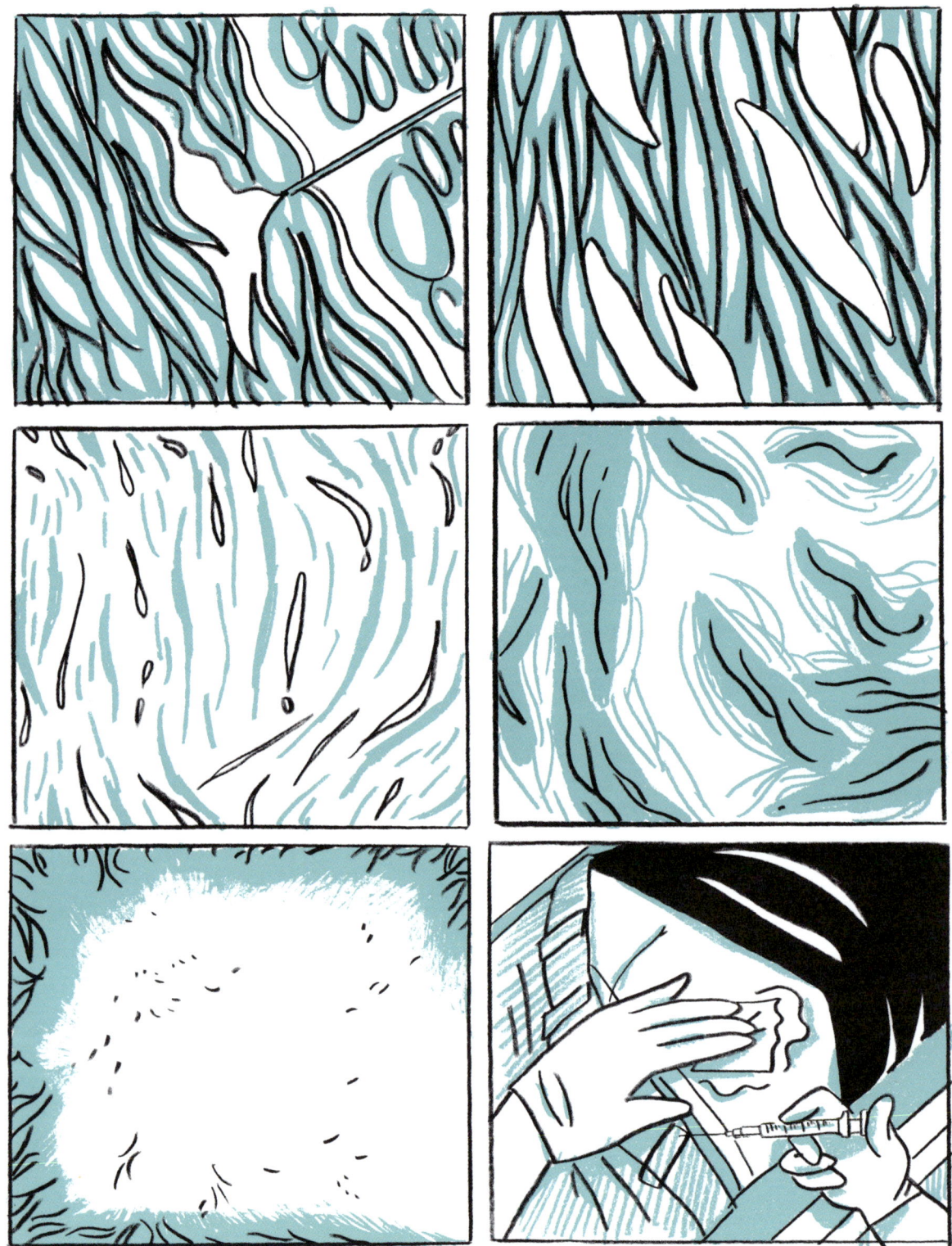

PASST ZU DIR.

FINDE ICH AUCH, PASST GUT ZU DIR.

DANKE, DANKE, DANKE AN ALLE DIE MITGELESEN, MIR ZUGEHÖRT, MICH AUSGEHALTEN, HINTER MIR STANDEN, AUF MEIN KIND AUFGEPASST, UND MIR TIPPS, STUPSE UND DEN MUT GEGEBEN HABEN, UM WEITERZUMACHEN, INSBESONDERE: ULLI, AMELIA, JUTTA, JAJA VERLAG, SABINE, ELKE, HENNA, ULRIKA, DIE AHOJ'S, CHICKS ON COMICS, SUSANN, MENG, PA, MA, NETTMANN, CALVIN, ANNA, MAARTEN, TEUNIS, FRANKIE, SARA, MAARTJE UND KELLY.

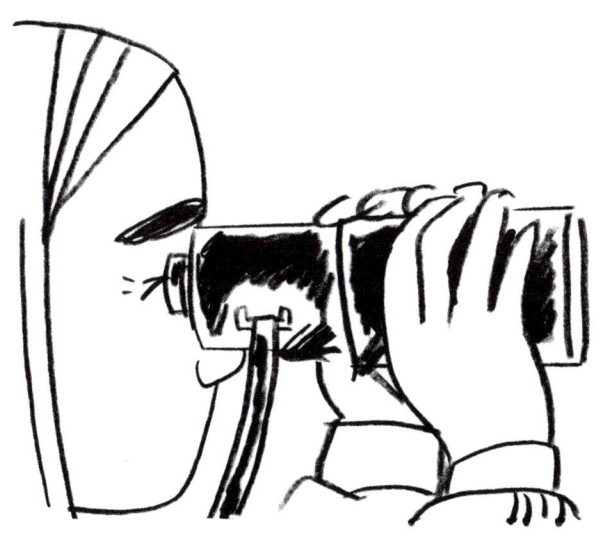

AUTOR/ZEICHNER:
JORIS BAS BACKER
WWW.BASBASBACKER.NET

HERAUSGEBER:
JAJA VERLAG
ANNETTE KÖHN
TELLSTR. 2
12045 BERLIN
WWW.JAJAVERLAG.COM

DRAMATURGIE/LEKTORAT:
SUSANN RECK

FOTO: MARGA VAN DEN MEYDENBURG 2020

©JORIS BAS BACKER UND JAJA VERLAG
ZWEITE AUFLAGE, BERLIN, MÄRZ 2021
GEDRUCKT IN LITAUEN
ISBN 978-3-946642-86-2
20.- EURO

MIT DER FREUNDLICHEN UNTERSTUTZUNG VON FAMILIE, DEM ARBEITS-
LOSENGELD II UND DEM KÜNSTLERDARLEHEN VON FONDS KWADRAAT.

fondskwadraat